RÉFLEXIONS

SUR

LE ROI ET LE GOUVERNEMENT.

RÉFLEXIONS

sur

LE ROI ET LE GOUVERNEMENT

RÉFLEXIONS

SUR

LE ROI ET LE GOUVERNEMENT.

L'homme est de tous les êtres qui existent
ici bas celui dont le caractère est le moins
propre à l'esclavage.

PAR LOUIS BL. . . . . . D.

PARIS,

Chez DELAUNAY, Libraire, au Palais-Royal,
Galeries de Bois.

Novembre 1814.

RÉFLEXIONS

SUR

LE ROI ET LE GOUVERNEMENT.

Ayons la force de dire et d'entendre la vérité: il n'y a que les tyrans et les méchantes gens qui doivent craindre sa voix. Par elle les hommes s'éclairent et deviennent meilleurs.

J'ai beaucoup de vénération pour nos ancêtres, mais je suis loin de regretter leurs lois féodales et leur fanatisme religieux; il n'y avait alors que tyrannie d'un côté et esclavage de l'autre.

Ne cherchons point à faire rétrograder notre siècle, car il y aurait autant d'inconvéniens à prétendre ressusciter de vieux usages, qu'il y en aurait à vouloir donner nos lois actuelles à un peuple encore dans l'enfance de la civilisation.

Disons-le hautement, les peuples sont plus instruits qu'autrefois; ils connaissent leurs droits, et ne demandent en conséquence qu'à être gouvernés sagement. Les plus grands sacrifices ne leur coûteront rien, s'ils ont la conviction que ce n'est que pour en faire un bon usage.

Un souverain qui a l'affection de ses peuples est certain d'être à l'abri de ces révolutions qui brisent les trônes et anéantissent le pouvoir. On a vû que la volonté suffisait pour renverser un monarque qui prétendait tout envahir, parce qu'il se croyait trop resserré dans les limites de son vaste empire. Maître absolu, il se croyait invincible, parce qu'il pouvait disposer impunément et de la fortune et de la vie des citoyens.

Depuis vingt-cinq ans on a essayé de nous gouverner, sans pouvoir y parvenir. On commença par nous offrir un code meurtrier qui, à l'aide d'une liberté absolue, nous plongea dans la démagogie la plus affreuse. Hélas ! nous déchirions nos propres entrailles !....... Renonçant bientôt à de funestes erreurs, un conquérant nous donna de nouvelles lois; elles nous présentèrent moins d'avantages, mais plus de sécurité; néanmoins elles finirent par nous enchaîner et nous traiter en esclaves.

On peut donc dire avec franchise que de toutes les constitutions qui furent données aux Français, aucune n'atteignit le but qu'on s'était proposé : pourquoi cela ? C'est que l'on avait la folle prétention de vouloir nous gouverner d'après des systèmes erronés ; c'est, dis-je, qu'on voulait trouver dans les Français du dix-huitième siècle ces vieux Romains si renommés par leurs vertus civiles et militaires. Qu'en est-il résulté? que nous n'avons été souvent que de mauvaises caricatures dignes de la risée publique.

Soyons bons Français, aimant à la fois le roi et la patrie. Avec un tel sentiment nous ne tarderons pas à jouir du bonheur qui accompagne toujours ces deux grandes vertus.

Des exemples récens nous apprennent ce qu'il arrive lorsque le souverain, se croyant assez fort par lui-même, rejette le vœu de ses sujets. Réduit, dans un cas pressant, à ses propres moyens, il chancelle ; son pouvoir est détruit, et bientôt il se trouve écrasé sous les débris du trône. Une conduite opposée lui aurait fourni de nouveaux triomphes.

Un personnage fameux a dit : « Henri IV est le » roi de la canaille », ce qui veut dire, en termes plus honnêtes, que Henri IV était le père du peuple, titre qu'il a si bien mérité, et que les Titus, les Trajan, les Antonin, etc., se faisaient gloire de porter.

Henri IV, par sa bonté, sa popularité et ses

autres vertus, est peut-être le seul bon roi qu'ait eu la France. Plus il s'éloigne de l'époque où nous vivons, et plus il nous paraît grand ; tout en lui nous charme et nous fait encore regretter qu'il ait été sitôt ravi à l'amour des Français. Il a, pour ainsi dire, créé une espèce de culte au fond de nos cœurs. Comment put-on trouver des hommes assez en délire pour oser porter une main téméraire sur sa statue ? Un roi, un de ses petits-fils, qui nous retrace les vertus du bon Henri, secondé de toute la France, s'est empressé de nous faire jouir des traits du monarque chéri.

Henri IV est digne de servir de modèle à tous les rois. Imitez-le, peut-on leur dire, et le peuple vous bénira.

Comme lui, Louis XVIII servira d'exemple ; comme lui, il sut pardonner et conquérir nos cœurs. Son retour fut l'époque d'une joie universelle, parce qu'il ne coûta pas une larme aux Français. Les acclamations furent sincères et méritées, et son entrée à Paris retraça l'arrivée d'un bon père qui, ayant fait un long voyage, pendant lequel il aurait été exposé à de grands périls, rentre au milieu d'enfans chéris. Elevé à l'école de l'adversité, le malheur lui est connu, il saura en adoucir toute l'amertume.

De modernes Sully vont aider de leurs lumières

et de leur sagesse le monarque dont le seul but est de nous rendre heureux.

Par ses représentans, le peuple français voit ses intérêts défendus par des hommes vertueux et instruits qui mettront leur gloire à ne point transiger avec leurs devoirs et leur conscience· Avec de pareils pilotes, le vaisseau de l'Etat doit arriver à bon port.

Lorsque nous prenons quelque chose de la législature d'un peuple étranger, n'en tirons que ce qui est essentiellement bon et peut convenir à notre caractère et à nos mœurs. De même ne cherchons point à renverser, comme on l'a déjà fait plusieurs fois, tout ce qui constitue l'édifice social pour le rétablir d'une toute autre manière : le prétendre serait une chimère, et se donner du travail en pure perte.

Restons donc Français, c'est-à-dire un des peuples le plus aimable et le plus instruit de la terre ; que de toutes parts on soit curieux de venir admirer nos arts et nos monumens, et que Paris soit, pour ainsi dire, la métropole du monde civilisé.

Que le Gouvernement continue d'être tolérant ; qu'il prenne tous les individus sous son égide ; j'ose lui prédire que la France deviendra sous peu la terre hospitalière de tous les peuples.

Lorsque les citoyens obéissent aux lois, contribuent aux charges de l'Etat, l'autorité ne doit plus avoir rien à démêler avec eux ; chacun doit être libre ensuite de sa volonté. Voilà, en peu de mots, ce qui constitue un gouvernement libéral.

Un peuple est bien le maître, quand telle est sa volonté, de se charger de chaînes, de s'imposer des lois ridicules ; mais il y aurait de la folie à une autre nation de vouloir l'imiter.

Les mauvaises lois engendrent les haines, amènent les révolutions, et détruisent quelquefois les peuples : elles sont, pour l'ordinaire, plus funestes que les fléaux de la guerre.

Tout Gouvernement sage ne doit point, dans aucun cas, scruter l'intérieur des consciences et forcer qui que ce soit d'être plutôt d'une religion que d'une autre. Prétendra-t-il être plus exigeant que l'Eternel ? Ne sait-on pas que la contrainte fera tout au plus des hypocrites qui se joueront et de vos menaces et de vos bûchers ?

L'homme, en général, naît avec des sentimens religieux ; c'est un besoin de l'âme ; il est tellement convaincu de son néant, qu'il se créera plutôt des idoles qu'il se plaira à adorer, que de manquer de reconnaissance envers l'être inconnu qui gouverne tout dans l'univers. Apôtres d'une meilleure religion, vous voyez vos frères d'une autre croyance suivre une mauvaise route, abstenez-vous de toute menace; remettez à Dieu seul le soin de leur conversion, ensuite redoublez de charité et de vertu, forcez-les, par une conduite exemplaire, à admirer la sainteté de vos dogmes; sachez que l'erreur a peut-être eu plus de martyrs que n'en aura jamais la vérité.

L'homme est de tous les êtres qui existent ici bas celui dont le caractère est le moins propre à l'esclavage. Sa constitution physique et ses lumières seront toujours une barrière insurmontable pour l'amener à en faire des bêtes de somme. Il ne faut donc jamais le dégrader.

Une des belles prérogatives attachée au trône est celle de faire beaucoup de bien. Semblable à la Divinité, dont il est l'image sur la terre, un roi a le pouvoir de sécher nos pleurs et de faire disparaître les plus grands maux; il ne faut souvent que sa volonté pour opérer tant de prodiges.

Malgré tout le respect que nous portons aux têtes couronnées, on ne peut s'empêcher d'improuver le rétablissement du tribunal de l'inquisition dans quelques États. Cette institution, à la fois barbare et anti-chrétienne, outrage et la Divinité et l'homme. On a pris en cette occasion la voix de quelques individus intéressés pour la volonté générale. L'inquisition étant heureusement morte, il fallait bien se garder d'exhumer son cadavre infect. Semblable à ces poisons subtils que l'on ne peut toucher sans risque de perdre la vie, et que l'on cache avec soin, de même il fallait jeter pour jamais le voile de l'oubli sur une monstruosité qui atteste jusqu'où l'esprit humain peut aller lorsqu'il renonce à toute sagesse.

Ne cherchons point, par des raisonnemens et des faits authentiques, à démasquer une furie digne de l'enfer ; ne dévouons point à la haine universelle les suppôts du Saint-Office : une telle lutte serait trop à notre avantage pour oser l'entreprendre et vouloir en tirer quelque gloire.

Allons droit au but ; le roi dans les États duquel l'inquisition sera établie aura donc l'agréable coup d'œil de voir, de temps à autre, brûler à petit feu un ou deux de ses sujets, parce qu'ils auront prié Dieu d'une autre manière que lui, ou si on l'aime mieux, parce qu'ils auront déplu à ceux qui auront le droit de les juger. Je ne sais, en conscience, quel nom donner à un pareil divertissement.

Je ne puis aussi comprendre comment le Saint-Père, que de grandes vertus et de grands malheurs rendent respectable, n'ait pas interposé son autorité, comme chef de l'église, pour empêcher cette œuvre impie. Hélas! c'est mal connaître les hommes que de prétendre les gouverner de la sorte !

Il est quelques corporations de religieux qu'il serait peut-être utile à l'Etat de replacer parmi nous. Il en est de même de quelques communautés de femmes; mais que le nombre en est petit! Que de sagesse il faudra apporter dans leur rétablissement, si l'on veut que la concorde règne long-temps entre tous les citoyens.

Que les rois se gardent surtout de rappeler cette *société chez laquelle le régicide était enseigné*, qui élevait autel contre autel, et dont l'unique but tendait à une domination universelle. Elle fut chassée par les souverains d'alors pour des causes qui nous furent démontrées justes. S'il en est ainsi, les monarques actuels ne peuvent donc demander le retour de ces hommes sans courir de nouveaux dangers. Soyons assez prudens pour nous priver d'un bien que nous ne pourrions acquérir sans nous exposer à des malheurs certains.

On ne nous persuadera jamais que des capucins, dont la principale fonction est de vivre d'aumônes, ce qui est autant à diminuer sur la veuve et l'orphelin, valent une sœur de la charité ou un frère ignorantin ; les deux derniers servent la société de toutes leurs facultés, tandis que les enfans de saint François lui sont à charge et inutiles.

Avec de la bonne foi et du désintéressement, la plupart de nos institutions civiles et religieuses ne sont pas plus difficiles à discuter ; c'est l'esprit de chicane et de rapine qui les rend ardues, et qui métamorphose l'or en plomb.

S'il est dangereux d'innover, combien aussi il est à craindre de ramener le peuple à une espèce d'esclavage, quand une fois il a connu les bienfaits de la liberté, non pas que je veuille dire que les Français en aient pleinement joui jusqu'à ce jour ; mais on leur a tant parlé de liberté absolue et de la félicité publique qui en devait être la suite, qu'on les a, pour ainsi dire, forcé de s'occuper de cet objet, et qu'ils pensent actuellement qu'étant régis par un bon roi, ils peuvent jouir des prérogatives attachées à une liberté bien entendue. Les esprits, quoiqu'en dise certains détracteurs, sont préparés pour ce bienfait. N'est-on pas fatigué et de l'anarchie et du despotisme ?

Par quel miracle jouissons-nous, après tant de calamités, d'un repos aussi doux, quand tout annonçait une subversion générale ? c'est que la clémence est entrée dans nos cœurs. Dans ces temps de prospérité, les mères ne craignent plus de devenir fécondes, et le laboureur ne voit plus, comme autrefois, enlever au milieu de ses champs déjà déserts, les seuls soutiens de sa vieillesse ; tout respire autour de nous le bonheur et la paix. On a oublié tout ressentiment pour ne songer qu'à se rallier autour du roi, et sauver la France. Le sang des citoyens était trop précieux pour le faire couler de nouveau dans des dissentions civiles : on l'a réservé pour un plus noble emploi.

Mais quelle a été notre douleur de voir le territoire sacré de la patrie envahi par des armées étrangères ! Que de maux n'a pas attiré sur elle une politique injuste ! Hélas ! nous avons été témoins des fléaux que naguère nos invincibles armées traînaient après elles chez des peuples qui n'ont pas cessé de nous aimer. Combien de fois n'ai-je pas entendu de bons Allemands, lorsque nos légions étaient obligées de reculer, craindre en même temps et leurs victoires et notre défaite ! Fuyez, fuyez promptement de ce côté, disaient-ils souvent à de pauvres soldats français épuisés de fatigues, nos armées sont là : sentimens nobles

qui honorent les peuples et adoucissent les malheurs de la guerre.

Il ne nous reste plus qu'à former des vœux
pour que le Gouvernement suive la route qu'il
s'est tracée. Le salut de la patrie dépend de la
sagesse de ses arrêtés. Le roi et le peuple doivent
être l'objet de toute sa sollicitude. La seule ré-
compense qui soit digne de lui, et qu'il a droit
d'ambitionner, ce sont les bénédictions de la
France entière et l'approbation de la postérité.

IMPRIMERIE DE Me Ve JEUNEHOMME,
RUE HAUTEFEUILLE, N° 20.